Bibliografische Information der Deutschen Nationalbibliothek:

Die Deutsche Bibliothek verzeichnet diese Publikation in der Deutschen National-
bibliografie; detaillierte bibliografische Daten sind im Internet über http://dnb.d-
nb.de/ abrufbar.

Impressum:

Copyright © 2004 GRIN Verlag, Open Publishing GmbH
Druck und Bindung: Books on Demand GmbH, Norderstedt Germany
ISBN: 9783656193067

Dieses Buch bei GRIN:

http://www.grin.com/de/e-book/35266/einbau-einer-netzwerkkarte-in-einen-pc-
konfiguration-und-installation

Ekkehard Brunner

Einbau einer Netzwerkkarte in einen PC, Konfiguration und Installation der zugehörigen Software

Unterweisung Elektroniker/-in, Fachrichtung Informations-und Telekommunikationstechnik

GRIN Verlag

GRIN - Your knowledge has value

Der GRIN Verlag publiziert seit 1998 wissenschaftliche Arbeiten von Studenten, Hochschullehrern und anderen Akademikern als eBook und gedrucktes Buch. Die Verlagswebsite www.grin.com ist die ideale Plattform zur Veröffentlichung von Hausarbeiten, Abschlussarbeiten, wissenschaftlichen Aufsätzen, Dissertationen und Fachbüchern.

Besuchen Sie uns im Internet:

http://www.grin.com/

http://www.facebook.com/grincom

http://www.twitter.com/grin_com

Unterweisungsentwurf zur

Ausbilder - Eignungsprüfung

Thema der Unterweisung:

**Einbau einer Netzwerkkarte in einen PC,
Konfiguration und Installation der zugehörigen Software**

Inhalt

Unterweisungsentwurf zur Ausbilder - Eignungsprüfung

Vor- und Zuname des Prüfungsteilnehmers:	Max Mustermann
geboren am:	11.12.1970
Prüfungsnummer:	XXY4235
Privatanschrift:	Musterstr.5, 04365 Musterhausen
Telefon:	0123 / 4640392
Thema der Unterweisung:	Einbau einer Netzwerkkarte in einen PC, Konfiguration und Installation der zugehörigen Software • gemäß der Ausbildungsordnung zum Elektroniker (Informations- und Telekommunikationstechnik) vom 03.07.2003 • §4 Abs.1 Nr.10 Installieren von Systemkomponenten und Netzwerken • (d) drahtgebundene und drahtlose Übertragungssysteme installieren, in Betrieb nehmen und prüfen • (e) Baugruppen hard- und softwaremäßig einstellen, anpassen und in Betrieb nehmen
Lernziel(e):	Der Auszubildende soll nach der Lehrunterweisung in der Lage sein, eine Netzwerkkarte gemäß den Anforderungen und Normen zu montieren und zu konfigurieren. Dabei soll vor allem die Bedeutung einer sorgfältigen Arbeit in Bezug auf die möglichen Gefahren währen der Installation und des Betriebes erkannt werden.
Zielgruppe:	Der betreffende Auszubildende befindet sich im 9.Monat des zweiten Ausbildungsjahres zum Elektroniker, Fachrichtung Informations-und Telekommunikationstechnik Vorkenntnisse: Hardwarekomponenten des PC, Betriebssysteme
Methode der Unterweisung:	4 - Stufen – Methode
Dauer der Unterweisung:	Ca. 30 min
Tag der Unterweisung:	
Ort der Unterweisung:	Handwerkskammer zu Musterhausen BTZ Kleinkleckersdorf
Bei der Unterweisung eingesetzte Unterlagen, Gegenstände, Ausbildungsmittel, Werkzeuge:	PC, PCI-Netzwerkkarte, Kreuzschlitzschraubendreher, Erdungsband, Schrauben, Staubpinsel, Windows98-CD

Am Ort der Unterweisung wird folgendes benötigt:

Die Beschreibung des Unterweisungsablaufes ist als Anlage beigefügt. Sie umfasst 5 Seiten.

Ich erkläre, dass ich diesen Entwurf selbstständig und ohne fremde Hilfe erstellt habe.

Leipzig, den 04.12.04   *Unterschrift*

4

Auftrag

Auftraggeber:	Steuerbüro Hinterzieh, 12345 Kleinoase
Auftrag:	Einbau von Netzwerkkarten in 4 PC's, Installation der Treiber, Installation der Netzwerkclients und Netzwerkprotokolle

Zur Bearbeitung dieses Auftrages wird der Auszubildende Heiko Heinig (im 2. Ausbildungsjahr) herangezogen. Er verfügt bereits über die notwendigen Vorkenntnisse und konnte bei ähnlichen Tätigkeiten unter Beweis stellen, dass er über gute handwerkliche Fähigkeiten und eine gute Auffassungsgabe verfügt sowie das in diesem Zusammenhang vermittelte notwendige Wissen über Unfallverhütungsmaßnahmen einsetzen kann.

Lernziele

Kognitive Lernziele

Der Auszubildende soll nach der Unterweisung wissen, in welcher richtigen Reihenfolge eine Netzwerkkarte in einen PC eingebaut, konfiguriert und die notwendige Software installiert wird.
Der Auszubildende soll seine Arbeit selbst durch geeignete Tests kontrollieren können.

* unterschiedliche Steckplatztypen
* Unterschied zw. Gehäuseschrauben und Komponentenschrauben
* 1 Komponente (Steckkarte) = 1 Treiber
* für Betrieb ist Zusatzsoftware notwendig

Affektive Lernziele

Der Auszubildende soll erkennen, wie wichtig die Einhaltung der Vorschriften für den Schutz der Person (Spannung) und den Schutz der Technik (elektrostatische Entladung) sein können. Er soll lernen, Konzentration und Gründlichkeit über den gesamten Arbeitsgang beizubehalten.
Der Auszubildende arbeitet aufmerksam, um sich nicht an scharfkantigen PC-Teilen zu verletzen.

Psychomotorische Lernziele

* bestimmungsmässiger und sicherer Umgang mit Material und Werkzeug
* sachgerechte Montage und Demontage des Gehäuses
* sachgerechter Einbau der Steckkarte (alle Schritte auf andere Karten übertragbar)

Didaktischer Gesichtspunkt

Prinzip:	Vom Bekannten zum Unbekannten
Bekannt:	Einbau Grafikkarte
Unbekannt:	Einbau Netzwerkkarte + Konfiguration (Konfiguration ist dazugekommen)

Arbeitszergliederung

Was wird getan?	Wie wird es getan?	Warum wird es getan?
1. Vorbereiten und Motivieren		
Begrüßung	Der Auszubildende wird begrüßt und der Ausbilder erkundigt sich nach dem Befinden des Auszubildenden, fragt evtl. nach dem vergangenen Wochenende oder nach privaten Interessen	Schaffung einer entspannten Atmosphäre und eines Vertrauensverhältnisses
Motivation	Dem Auszubildenden wird das Thema der Lehrunterweisung unterbreitet – Einbau einer Netzwerkkarte in einen PC, dazugehörige Installation von Treiber und Software. In diesem Zusammenhang wird der konkrete Auftrag geschildert – Einbau von 4 Netzwerkkarten im Steuerbüro Hinterzieh, damit künftig Drucker und Internetanschluss gemeinsam genutzt werden kann.	Der Auszubildende soll Verständnis für die anfallende Arbeit bekommen, sein Interesse und Ehrgeiz sollen geweckt werden
Vorbereiten des Arbeitsplatzes	Die benötigten Werkzeuge und Materialien werden zusammengestellt und evtl. unbekannte werden erläutert.	Sicherstellen einer unterbrechungsfreien Arbeit
2. Vormachen und Erklären		
Rechner herunterfahren	Alle Programme beenden, Rechner herunterfahren	Alle Daten, die gerade im Arbeitsspeicher sind, müssen noch auf die Festplatte geschrieben werden
Netzstecker, Tastatur, Maus, Monitorkabel und Druckerkabel entfernen	Zuerst Netzstecker aus der Steckdose ziehen, dann alle anderen Kabel von der Gehäuserückseite entfernen und ordentlich zur Seite legen	-Arbeitsfreiheit herstellen -Stolperfallen durch herunterhängende Kabel vermeiden -kein Arbeiten an unter Spannung stehenden elektrischen Anlagen
Erden der Arbeitsperson	Erdungsarmband anlegen und Stecker in eine Schutzkontaktsteckdose stecken (oder bei anderer Bauart Klemme mit geerdetem metallischen Gegenstand verbinden, z.B. Heizung)	Zerstörung der Halbleiterbauelemente durch elektrostatische Aufladung vermeiden
Reinigen des Rechnerinnenraumes	Reinigen der wesentlichen Staubablagerungen auf dem Motherboard, auf dem CPU-Lüfter und af dem Netzteillüfter mit dem Pinsel	Routine bei jeder Hardwarearbeit, Gewährleistung der optimalen Kühlung des Rechners, Vermeidung von Ausfällen durch zu hohe Temperatur
Gehäuse öffnen	Mit dem Schraubendreher Schrauben lösen, Seitenwand oder Deckel (je nach Bauart) abnehmen	Freilegen des Motherboards mit seinen Steckplätzen

Einstecken der Netzwerkkarte in einen freien Slot	Slotblech abschrauben, richtigen Steckplatz auswählen, angrenzende Karten dürfen sich nicht berühren, Karte fest andrücken	Vermeidung von Kurzschlüssen, gute Kontaktgabe aller Kontakte
Festschrauben des Slotblechs	Mit der richtigen Schraube Slotblech am Gehäuse anschrauben	Arretieren der Karte gegen herausrutschen
Gehäuse schließen	Seitenwand oder Deckel anbringen, Schrauben anziehen	Schutz der elektronischen Bauteile vor Staub und Gegenständen
Netzstecker, Tastatur, Maus, Monitorkabel und Druckerkabel anbringen	Netzkabel zuerst am Computer anstecken, dann an der Steckdose, dann alle anderen Kabel an die zugehörigen Buchsen anstecken	Falls beim Verbinden mit der 220V-Spannung ein Kabel-oder Netzteilkurzschluss entsteht, sind die Hände dort weg
Rechner einschalten	Rechner hochfahren, Kontrolle der BIOS-Meldungen für Grafikkarte, Arbeitsspeicher und angeschlossene Laufwerke Meldung am Bildschirm, dass neue Hardwarekomponente erkannt wird	Die meisten Komponenten werden automatisch erkannt
Treiber installieren	Auf Aufforderung des Computers wird das Medium mit den Treiberdateien oder die Betriebssystem-CD eingelegt Treiberdateien werden auf die Festplatte kopiert	Hardwarekomponente ist nur mit Treiber arbeitsfähig
Installation von Netzwerkclient und Netzwerkprotokoll	Wird automatisch mitinstalliert	Ohne Protokoll und Client ist der Rechner im Netzwerk nicht arbeitsfähig
Neustart wird angefordert	Neustart durchführen	Ordnungsgemäße Registrierung des Treibers in der Registrierungsdatenbank
Überprüfen der Installation	Mit rechter Maustaste auf Netzwerkumgebung klicken, Eigenschaften anzeigen, es müssen mindestens ein zum bestehenden Netzwerk kompatibles Protokoll (z.B. TCP/IP) bzw. eine Clientsoftware (z.B. Client für Microsoft-Netzwerke) angezeigt werden Wenn es mehr sind, können die anderen entfernt werden	Alle Rechner eines Netzwerkes müssen mit dem selben Protokoll arbeiten Client muss zur Netzwerksoftware und zur Topologie passen
Überprüfen der Funktionsfähigkeit der Netzwerkkarte	linke Maustaste auf Start, Ausführen ping 127.0.0.1 -t eingeben, Enter drücken („Antwort von 127.0.0.1 : Bytes=32 Zeit <10ms TTL=128") abbrechen mit Strg+C	Damit wird überprüft, ob der Rechner einwandfrei mit der Netzwerkkarte zusammenarbeitet
Einstellen der IP-Adresse	Rechte Maustaste auf Netzwerkumgebung, Eigenschaften Linke Maustaste auf TCP/IP, Eigensch. Registerkarte IP-Adresse Automatisch beziehen oder festlegen wählen	Jeder Rechner im Netzwerk muss eindeutig identifizierbar sein (weitere Konfiguration ist nicht Gegenstand dieser Unterweisung)

3.Ausführungsversuche machen lassen		
	Der Auszubildende wiederholt das gerade gelernte am Modell und erläutert die einzelnen Schritte.	Festigen des Wissens, Verbessern der motorischen Fähigkeiten
4.Üben und festigen		
Kontrolle der Lernziele	Der Auszubildende erläutert selbstständig und fehlerfrei die Arbeit	Kontrolle, ob das Lernziel erreicht wurde
Eintrag in den Ausbildungsnachweis	Die Lehrunterweisung wird in den Ausbildungsnachweis eingetragen und vom Ausbilder abgezeichnet	Der Auszubildende muß den Ausbildungsnachweis führen

Arbeitssicherheit

Der Auszubildende wird in dieser Lehrunterweisung auf die Gefahren im Umgang mit den benötigten Werkzeugen aufmerksam gemacht.
Um Unfallgefahren, die sich beim Arbeiten ergeben können, vorzubeugen, sind folgende Regeln zu beachten:

- Verwendung geprüfter Werkzeuge und Kabel mit Prüfsiegel
- Tragen von Arbeitskleidung und Sicherheitsschuhen
- Sachgerechter Umgang mit Werkzeug und deren fachgerechter Einsatz
- Vermeiden von Stolperfallen durch herunterhängende Kabel
- Vermeidung von Verletzungen am scharfkantigen Gehäuse
- Vermeidung von elektrostatischer Entladung durch Erdungsband
- Sicherheitsregeln nach VDE 0105 (!! Netzstecker ziehen !!)

-Freischalten
-Gegen wiedereinschalten sichern
-Spannungsfreiheit feststellen
-Erden und Kurzschliessen
-Benachbarte unter Spannung stehende Teile abdecken oder abschranken

Besondere Anmerkung: Schutzmaßnahmen gegen Stromschläge

Haben Sie den Deckel abgenommen und das Innenleben des PC liegt vor Ihnen, beachten Sie, dass der größte Teil davon sehr empfindlich ist.
Sie haben sicher schon einmal erlebt, dass Sie beim Aussteigen aus dem Auto oder nach längerem Gehen über einen Teppichboden einen leichten Schlag bekommen haben. Sie haben sich dabei vorher elektrostatisch aufgeladen. Diese Erscheinung wird als Reibungselektrizität bezeichnet. Die meisten elektronischen Schaltkreise im PC würden eine solche Entladung statischer Elektrizität nicht überleben. Berühren Sie also unter keinen Umständen die inneren Komponenten, solange Sie sich nicht über das Erdungsarmband vollständig entladen haben.

8

Quellen

- Sackmann, Ausbildung der Ausbilder Teil IV: Berufs- und Arbeitspädagogik
- Ausbildungsordnung zum Elektroniker (Informations-und Telekommunikationstechnik) vom 03.07.2003
- http://www.grundig-akademie.de/projekte/quali/getrain/1inh.htm

Anhang   „5 Sicherheitsregeln"

Dürfen im Rahmen von Wartungs- und Reparaturarbeiten Anlagen und Anlagenteile nicht betrieben werden, so sind sie auszuschalten und durch Verbotsschilder (und evtl. Schlösser) an den Bedienteilen gegen Wiedereinschalten zu sichern. Darüberhinaus ist die Steuerspannung für Schalter des Leistungsteiles abzuschalten. Vorhandene festinstallierte Erdungsschalter sind zu benutzen. Die Anlagenverantwortlichen sorgen auch für das Vorhandensein und für den gefahrlosen Zustand der etwa notwendigen Werkzeuge.

Bei Freischaltungen ist nach den folgenden **"5 Sicherheitsregeln"** vorzugehen:

1. Freischalten (gemäß VDE 0105 Teil 1, 9.4)
2. Gegen Wiedereinschalten sichern (gemäß VDE 0105 Teil 1, 9.5)
3. Spannungsfreiheit feststellen (gemäß VDE 0105 Teil 1, 9.6)
4. Erden und Kurzschließen (gemäß VDE 0105 Teil 1, 9.7) Darauf darf in Anlagen mit Nennspannungen bis 1000V verzichtet werden, wenn der spannungsfreie Zustand durch die Regeln 1 bis 3 sichergetsellt ist.
5. Benachbarte, unter Spannung stehende Teile abdecken oder abschranken (gemäß VDE 0105 Teil 1, 11).

Die Regeln 1 bis 5 sind von einer elektrotechnischen Fachkraft der für die Elektroanlage zuständigen Gruppe durchzuführen. Die Aufhebung der Freischaltung nach Beendigung der Wartungs- oder Reparaturarbeiten erfolgt in der umgekehrten Reihenfolge der Regeln. Sie ist grundsätzlich von derselben Elektrofachkraft vorzunehmen, die zuvor die Freischaltung durchführte, nur in Ausnahmefällen durch eine andere, durch den AV entsprechend beauftragte und informierte Fachkraft.